ALEJANDRO MAGNO

María Ruiz

Alejandro Magno ha sido uno de los grandes personajes de la historia universal. Su gran visión de futuro hizo que llevara a cabo importantísimas conquistas territoriales, difundiendo la cultura helénica en lugares tan lejanos como la antigua Persia o Egipto. Pero si su capacidad como guerrero o conquistador está fuera de toda duda, Alejandro Magno ha pasado a la historia como un hombre capaz de actos de crueldad inexplicables no sólo con sus enemigos sino con sus más queridos amigos y colaboradores.

TEXTO, EJERCICIOS Y NOTAS MARÍA RUIZ
ASESORAMIENTO ANGELA MARTÍ
EDITING AMALIA SALAZAR
DIBUJOS JUAN GIORGI • *PORTADA* MAURO FERRERO

PRIMERAS LECTURAS

UNA COLECCIÓN DEDICADA A GRANDES Y PEQUEÑOS PARA DISFRUTAR LEYENDO HISTORIAS ENTRETENIDAS, ESCRITAS CON UN LENGUAJE ASEQUIBLE A TODOS LOS PÚBLICOS.

La Spiga languages

ALEJANDRO MAGNO

Me llamo Alejandro, aunque pasé a la historia con el nombre de Alejandro Magno, es decir, Alejandro el Grande. El porqué de este apelativo[1] es algo que me propongo explicaros en esta pequeña historia contada por mí, y espero que a través de ella podáis conocer un poco más de mi persona y del periodo de tiempo en que me tocó vivir.

Nací en Pella, Macedonia, un mes de agosto del año 356 a. C. Mi padre era el rey Filipo II y mi madre la princesa Olimpia.

1. apelativo: adjetivo que califica a una persona o cosa.

✎ ¿Podrías explicar brevemente lo que significa la expresión "Pasar a la Historia"?

....

....

✎ ¿Sabrías decir si este texto está escrito en primera o en tercera persona?

....

✎ ¿Podrías pasar esta frase a estilo indirecto?: "Me llamo Alejandro, aunque pasé a la historia con el nombre de Alejandro Magno".

....

....

....

Aunque tenía un hermanastro[1], llamado Arrideo, al que por edad le correspondía ser el sucesor al trono de mi padre, él fue rechazado para realizar las tareas de gobierno por su grave deficiencia mental.

Y es que verme coronado[2] era el gran sueño de mi madre y eso hizo que se ocupara con gran esmero de que yo recibiese una exquisita educación.

1. **hermanastro:** hijo de uno de los dos cónyuges con respecto al hijo del otro.
2. **verme coronado:** expresión que significa ser el rey.

Haz una lista con todos los adjetivos que aparecen en el texto.

....

....

¿Podrías relacionar las profesiones de la columna izquierda con su función principal que aparece en la columna derecha?

ELECTRICISTA

BOMBERO

PANADERO

SASTRE

POLICÍA

COSE UN TRAJE

HACE EL PAN

ARREGLA UNA LÁMPARA

APAGA UN INCENDIO

DIRIGE EL TRÁFICO

Ella pensaba que un futuro rey no sólo debía estar preparado físicamente para combatir y conquistar reinos, sino que debía recibir también una educación en el más amplio sentido de la palabra[1].

– "Alejandro, hijo mío, las ciencias, la geografía, la filosofía y hasta la poesía, todo es importante en la formación de un futuro rey. Algún día tendrás bajo tu control un gran imperio y será necesario que utilices tu inteligencia y tus conocimientos tanto como tu fuerza y tu valor" – me dijo sabiamente mi madre –.

1. **amplio sentido de la palabra:** expresión que, referida a un término, quiere decir en toda su extensión, con todos sus matices.

EJERCICIOS

✎ Relaciona las siguientes columnas.

RÍOS, MARES,
MONTAÑAS, PAÍSES

VERSOS, RIMAS,
POETAS, SONETOS

MATEMÁTICAS, FÍSICA,
QUÍMICA, MEDICINA

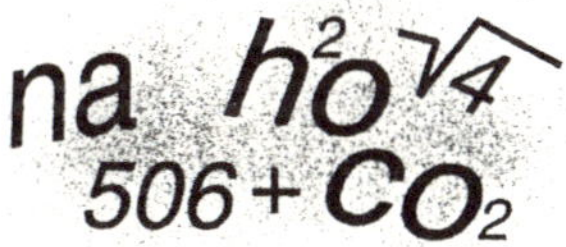

ARISTÓTELES,
SÓCRATES, PLATÓN

CIENCIAS

FILOSOFÍA

GEOGRAFÍA

POESÍA

Un gran imperio sí, aunque por entonces, ni mi madre ni yo mismo podíamos imaginar hasta que punto sería importante mi paso por la historia. Mi madre buscó para mí los mejores maestros. Leónidas un pariente[1] suyo, fue mi maestro de educación física, y Lánice fue mi institutriz[2], gracias a ella me aficioné a la lectura, sobre todos a los poemas épicos de Homero y Eurípides donde se contaban las historias de héroes y valientes guerreros.

1. **pariente:** un miembro de la familia.
2. **institutriz:** mujer encargada de la educación de un niño en el hogar doméstico.

✎ **Señala si lo dicho en las siguientes frases es verdadero (V) o falso (F).**

		V	F
1.	Alejandro Magno fue un personaje importante en la historia.	❑	❑
2.	Su madre, la princesa Olimpia creía que la educación física era lo más importante.	❑	❑
3.	Alejandro se aficionó a la lectura gracias a su institutriz.	❑	❑
4.	Sus libros preferidos eran los tratados de medicina.	❑	❑
5.	Un poema épico, es un texto donde se cuentan las historias de grandes héroes.	❑	❑

– "Algún día seré sabio y valiente como ellos y conseguiré un gran imperio, no existirán fronteras[1] para mí y mis soldados y entonces, algún afamado[2] poeta escribirá también sobre mí, y contará al mundo todos mis logros[3]" – pensaba yo por entonces, y realmente se convirtió en una obsesión para mí, llegar a ser un héroe, casi un dios.

1. **fronteras:** límites entre países.
2. **afamado:** muy famoso, muy conocido.
3. **logros:** lo alcanzado, lo conseguido.

✎ **¿Crees que Alejandro Magno era una persona a quien le importaba la gloria y el reconocimiento de los demás?**

....

....

✎ **¿Quién o quiénes eran sus ídolos?**

....

....

✎ **Elige de entre los siguientes adjetivos tres que puedan describir la personalidad de Alejandro.**

		sí	**no**
1.	Modesto	❐	❐
2.	Ambicioso	❐	❐
3.	Estudioso	❐	❐
4.	Cobarde	❐	❐
5.	Pobre	❐	❐
6.	Soñador	❐	❐

Algún tiempo después mi padre comenzó a desconfiar[1] de estos maestros y eligió para continuar con mi educación una verdadera academia. Me enviaron a Mieza, y más tarde cuando ya tenía catorce años, me pusieron bajo la tutela del gran Aristóteles.

El filósofo griego fue un gran maestro en las cosas de la vida y un importante ejemplo para mí, si bien es cierto que no siempre tuve presentes sus enseñanzas, dejándome llevar en ocasiones por arrebatos de soberbia[2] y de ira[3].

1. **desconfiar:** no tener confianza en algo o alguien.
2. **soberbia:** vanidad, menosprecio de los demás.
3. **ira:** enojo, furia, deseo de venganza.

✎ **Clasifica estos adjetivos indicando los que hacen referencia a cualidades positivas (P) o negativas (N).**

	P	N
1. Soberbio	❐	❐
2. Cruel	❐	❐
3. Sabio	❐	❐
4. Valiente	❐	❐
5. Desconfiado	❐	❐
6. Sincero	❐	❐
7. Estudioso	❐	❐
8. Cobarde	❐	❐
9. Caritativo	❐	❐
10. Generoso	❐	❐
11. Avaro	❐	❐
12. Ingenioso	❐	❐

Así sucedió en uno de los días que seguramente he lamentado[1] más de toda mi vida. Al tiempo que estudiaba con Aristóteles hice gran amistad con Clito, hermano de mi maestra Lánice. Pues bien, en un desdichado[2] día, durante el transcurso de una fiesta, Clito se dirigió a mí y me dijo: "No es justo que toda la gloria de las victorias conseguidas en el campo de batalla sea tuya. Además, te comparas con un dios y mírate no eres más que un mortal".

1. lamentar: sentir pena, dolor.
2. desdichado: desafortunado.

✎ **Escribe una frase con el mismo significado que las siguientes.**

"Al tiempo que estudiaba con Aristóteles".

....

....

"Hice gran amistad con Clito".

....

....

✎ **¿Sabes que quería decir Clito con la frase: "No es justo que toda la gloria de las victorias conseguidas en el campo de batalla sea tuya".**

....

....

No sé muy bien como pude responder de forma tan brutal[1] a sus palabras. Lo cierto es que tras escucharle, le maté. Maté a mi mejor amigo, me arrepentí un millón de veces, pero de nada sirvió pues esto no le devolvió la vida. Durante tres días no comí, ni bebí ni apenas[2] dormí y fueron muchas las noches en las que me desperté con horribles pesadillas[3], fruto de mi mala conciencia, en las que veía a mi querido amigo caído en el suelo, en un baño de sangre, mientras yo intentaba en vano[4] curar sus heridas y luchaba para que de nuevo se pusiera en pie.

1. **brutal:** con fuerza desmedida.
2. **apenas:** casi no, difícilmente.
3. **pesadillas:** sueño angustioso.
4. **en vano:** sin conseguir el resultado esperado.

EJERCICIOS

✎ ¿Que te parece la reacción de Alejandro tras escuchar las palabras que Clito le dirigió en la fiesta?

....

....

✎ ¿Qué crees que sintió Alejandro después de haberle matado?

....

....

✎ ¿Has tenido alguna vez una pesadilla? ¿Puedes resumirla brevemente?

....

....

....

Pero el tiempo transcurrió y a la edad de veinte años, fui coronado rey. Durante mi gobierno fueron muchas las victorias que conseguí, y mi objetivo una vez que ya había llegado a ser el dueño absoluto de Grecia, no era otro que ampliar las fronteras de mi reino. Así fue como me lancé a la conquista de Asia. Los persas siempre habían sido un peligroso enemigo[1] de mi pueblo y me propuse continuar con el sueño del viejo rey, mi padre.

1. **enemigo:** el que tiene mala voluntad hacia otro y desea hacerle mal.

EJERCICIOS

✎ **¿Sabes cuál es la diferencia entre una monarquía y una república?**

....

....

....

✎ **¿En tu país existe un rey o una reina?**

....

....

✎ **¿Podrías decirnos como se llaman los reyes de España?**

....

....

✎ **Cuando muere un rey o una reina, ¿Sabes quién es su sucesor o sucesora?**

....

....

Pero la conquista de Asia no fue sólo una conquista de territorios para mi gloria personal. Como ya os he contado, gracias a mi madre recibí una profunda[1] formación humanística[2], y lo que yo realmente pretendía era extender la cultura helénica[3] al resto del mundo para lograr que nuestra civilización y nuestros conocimientos se mezclaran con la de los pueblos vencidos. Once años de mi vida empleé hasta conquistar todas las regiones de Asia.

Una anécdota[4] divertida en este duro camino sucedió al llegar a la ciudad de Gordion.

1. **profunda:** honda, importante.
2. **formación humanística:** educación que hace hincapié en el mundo de las letras.
3. **helénica:** de Grecia.
4. **anécdota:** un hecho curioso.

✎ **Completa las siguientes frases con una de las palabras del recuadro.**

importante • lucimiento • uniera • transcurrieron

1. Alejandro recibió una .... formación humanística.
2. Alejandro deseaba que la cultura de su pueblo se .... a la de los pueblos vencidos.
3. .... once años hasta que Alejandro Magno conquistó todas las regiones de Asia.
4. La conquista de Asia no fue proyectada para su .... personal.

✎ **¿Puedes contarnos alguna anécdota divertida?**

....

....

....

Cuando entré con mis tropas una anciana[1] se me acercó y me dijo:

– "¿Eres tú Alejandro, al que todos llaman el grande?"

– "Sí, soy yo, y tú ¿quién eres?" – le pregunté.

– "Verás, sólo soy una pobre anciana que vive aquí desde hace muchos, muchos años, – dijo con un tono de misterio, – pero si realmente eres tan valiente y tan grande como dice la leyenda sólo tú podrás ser el dueño y señor de toda Asia, conseguirlo es muy fácil, tan sólo deberás desatar[2] el nudo del carro de Midas, otros lo han intentado pero nadie hasta ahora ha logrado deshacerlo[3]." – explicó la anciana.

1. **anciana:** mujer de anciana edad.
2. **desatar:** desenlazar una cosa.
3. **deshacer:** lo contrario de hacer.

Te presentamos una relación de sinónimos y antónimos de unos adjetivos que aparecen en el texto. ¿Podrías organizarlos según el ejemplo?

nuevo • difícil • mendigo • <u>vieja</u> • minúsculo • complicado • necesitado • <u>joven</u> • amplio • mínimo • elemental • audaz • pequeño • magno • reciente • rico • miserable • cobarde • enorme • sencillo • accesible • opulento • dificultoso • caduco

Anciana

SINÓNIMOS:

vieja,..........................

....

ANTÓNIMOS:

joven,..........................

....

Grande

SINÓNIMOS:

....

....

ANTÓNIMOS:

....

....

Fácil

SINÓNIMOS:

....

....

ANTÓNIMOS:

....

....

Pobre

SINÓNIMOS:

....

....

ANTÓNIMOS:

....

....

– "Si es así como dices – repliqué[1] – demostraré a todos que puedo hacerlo". Y encaminándome[2] al lugar donde se encontraba el carro, desenvainé[3] mi espada y con un golpe firme y seco, corté el nudo que durante siglos había permanecido perfectamente atado esperando al futuro dueño del gran imperio.

1. **replicar:** responder frente a un argumento previamente expuesto.
2. **encaminarse:** dirigirse.
3. **desenvainar:** sacar la espada de su funda o vaina.

✎ **Completa estas frases con un verbo distinto al que aparece en el texto pero de igual significado.**

1. "Si es así como .... – repliqué – demostraré a todos que puedo ....".
2. Y .... al lugar donde estaba el carro.
3. Corté el nudo que durante siglos había .... perfectamente atado.

✎ **Di si las siguientes afirmaciones son verdaderas (V) o falsas (F).**

	V	F
1. Alejandro ignoró a la anciana que se dirigió a él.	❐	❐
2. Alejandro cortó el nudo del carro de midas con sus propias manos.	❐	❐
3. La leyenda decía que aquel que consiguiera desatar el nudo sería el dueño de Asia.	❐	❐

Aunque nunca creí en supersticiones[1], a partir de este momento todo fue un camino directo que me llevó a la gran victoria. Primero la toma de Damasco, donde conseguí el gran tesoro real persa, y gracias a él, pude seguir con mi conquista.

Más tarde Egipto, allí reconstruí[2] antiguos templos, y adoré[3] a sus dioses convirtiéndome yo mismo en faraón. De este modo gané la confianza del pueblo egipcio y fundé la primera de las múltiples ciudades que llevarían como nombre Alejandría.

1. **superstición:** creencia extraña a la fe religiosa y contraria a la razón.
2. **reconstruir:** volver a construir algo, reparar.
3. **adorar:** amar con extremo, honrar a un dios.

EJERCICIOS

Hay algunas supersticiones muy conocidas. ¿Podrías relacionar las dos columnas como en el ejemplo?

PARAGUAS	PASAR DEBAJO
SAL	TOCAR
GATO	DERRAMADA
ESCALERA	NEGRO
MADERA O METAL	ROTO
ESPEJO	ABIERTO DENTRO DE CASA

En el año 324 se celebraban los juegos olímpicos y ordené el retorno de todos los exiliados[1]. Lo que me pareció una medida justa me convirtió sin embargo a ojos de mi pueblo en un verdadero tirano[2], ya que consideraban que el retorno de todas estas personas ponía en peligro la estabilidad política y económica del imperio. Así nació una leyenda negra en torno a mi persona en la que se me atribuyen actos de crueldad, y un carácter megalómano[3].

1. **exiliado:** persona que emigra de su patria generalmente por motivos políticos.
2. **tirano:** el que dirige un Estado sin justicia y a medida de su voluntad.
3. **megalómano:** que padece delirio de grandeza.

EJERCICIOS

✎ **¿Podrías explicar brevemente lo que significan las siguientes expresiones que aparecen en el texto?**

Leyenda negra.

....

....

Una medida justa.

....

....

A ojos de mi pueblo.

....

....

✎ **¿ Porqué crees que el retorno de los exiliados podía poner en peligro la estabilidad económica y política del país?**

....

....

Esta es más o menos mi historia, para algunos fui un héroe y para otros un cruel tirano. Lo cierto es que inicié grandes proyectos como unir por mar Egipto y la India, conquistar el mundo occidental, o realizar enormes obras civiles para el riego de tierras y la construcción de importantes puentes que facilitaran las comunicaciones.

Desgraciadamente la muerte me llegó cuando tenía sólo 33 años, la historia habla de un envenenamiento[1]. Lo cierto es que tras mi muerte mis generales se repartieron el territorio y comenzó lo que se llamaría el periodo helenístico.

1. **envenenamiento:** acción de envenenar o envenenarse.

✎ ¿Cuál es tu opinión sobre Alejandro Magno, después de haber leído esta breve biografía?

....

....

....

....

....

✎ ¿Crees que si hubiera vivido más tiempo hubiera visto realizado sus sueños?

....

....

....

✎ ¿Qué características te llaman más la atención del personaje?

....

....

....

• PRIMERAS LECTURAS •

Arciniega	EL MAGO PISTOLERO
Arciniega	TERREMOTO EN MÉJICO D.F.
Bermejo	DRÁCULA Y SUS AMIGOS
Busch	MAX Y MORITZ
Cerrada Dahl	TITANIC
de la Helguera	LA MÁSCARA DE BELLEZA
Del Monte	CRISTÓBAL COLÓN
Del Monte	JUEGA CON LA GRAMÁTICA ESPAÑOLA
Del Monte	¿JUGAMOS CON LAS PALABRAS?
Diez	EL CARNAVAL DE RÍO DE JANEIRO
Diez	EL GATO GOLOSO
García	LA CUCARACHA
Hoffmann	PEDRO MELENAS
Maqueda	EL FANTASMA CATAPLASMA
Ruiz	ALEJANDRO MAGNO
Salamandra	PANCHO VILLA
Stoker	DRÁCULA

• LECTURAS SIMPLIFICADAS •

Anónimo	EL CID CAMPEADOR
Anónimo	EL LAZARILLO DE TORMES
Alarcón	EL SOMBRERO DE TRES PICOS
Arciniega	EVITA PERÓN
Arciniega	LOS SUPERVIVIENTES DE LOS ANDES
Bazaga Alonso	EL MISTERIO DE MOCTEZUMA
Bazaga Alonso	EL MONSTRUO DE LAS GALÁPAGOS
Bazaga Alonso	HERNÁN CORTÉS
Carmos	LA NIÑA DE ORO
Cervantes	DON QUIJOTE DE LA MANCHA
Cervantes	RINCONETE Y CORTADILLO
Del Monte	¿JUGAMOS CON LAS PALABRAS?
Del Monte	JUEGA CON LA GRAMÁTICA ESPAÑOLA
Gómez	RAPA NUI. El misterio de la Isla de Pascua
Martín	GAUDÍ EN BARCELONA
Mendo	EL CASO DEL TORERO ASESINADITO
Mendo	DELITO EN CASABLANCA
Rubio	VIDA DE ANA FRANK
Shelley	FRANKENSTEIN
Toledano	EL TRIÁNGULO DE LAS BERMUDAS
Ullán Comes	DELITO EN ACAPULCO
Ullán Comes	EL ASEDIO DE GIBRALTAR
Ullán Comes	EL VAMPIRO

• LECTURAS SIN FRONTERAS •

Anónimo	EL ROMANCERO VIEJO
Arciniega	AMISTAD
Bazaga Alonso	LA ARMADA INVENCIBLE
Cervantes	DON QUIJOTE DE LA MANCHA
Del Monte	JUEGA CON LA GRAMÁTICA ESPAÑOLA
Gómez	LA ISLA ENCANTADA
Ibáñez	ENTRE NARANJOS
Ibáñez	LOS CUATRO JINETES DEL APOCALIPSIS
Manuel	EL CONDE LUCANOR
Miró	EL LIBRO DE SIGÜENZA
Tirso de Molina	EL BURLADOR DE SEVILLA
Ullán Comes	LA NOCHE DE HALLOWEEN
Valera	PEPITA JIMÉNEZ

• CLÁSICOS DE BOLSILLO •

Alarcón	EL SOMBRERO DE TRES PICOS
Anónimo	EL LAZARILLO DE TORMES
Asturias	LEYENDAS DE GUATEMALA
AA.VV.	CUENTOS HISPANOAMERICANOS
Bazán	LA GOTA DE SANGRE y otros cuentos policiacos
Bécquer	LEYENDAS
Calderón de la Barca	LA VIDA ES SUEÑO
Cervantes	NOVELAS EJEMPLARES
Clarín	CUENTOS
de Larra	EL CASARSE PRONTO Y MAL
de Rojas	LA CELESTINA
Donoso	EL LUGAR SIN LÍMITES
Galdós	TRAFALGAR
Laforet	RELATOS
Lope de Vega	NOVELAS A MARCIA LEONARDA
Moratín	EL SÍ DE LAS NIÑAS
Neruda	CIEN SONETOS DE AMOR
Quevedo	EL BUSCÓN
Valera	LA BUENA FAMA y otros cuentos
Zorrilla	DON JUAN TENORIO

• EASY READERS SELECTION •

Alcott	LITTLE WOMEN
Barrie	PETER PAN
Baum	THE WIZARD OF OZ
Bell	PLAY WITH THE INTERNET
Brontë	WUTHERING HEIGHTS
Burnett	THE SECRET GARDEN
Carroll	ALICE IN WONDERLAND
Cooper	THE LAST OF THE MOHICANS
Coverley	THE CHUNNEL
Coverley	THE GREAT TRAIN ROBBERY
Defoe	ROBINSON CRUSOE
Demeter	ATTACK ON FORT KNOX
Demeter	JOHNNY THE GODFATHER
Dickens	A CHRISTMAS CAROL
Dickens	OLIVER TWIST
Dolman	KING ARTHUR
Dolman	ROBIN HOOD STORIES
Dolman	STOLEN GENERATIONS
Dolman	THE LOCH NESS MONSTER
Dolman	THE SINKING OF THE TITANIC
Dolman	THE STORY OF ANNE FRANK
Grahame	THE WIND IN THE WILLOWS
Haggard	KING SOLOMON'S MINES
Hetherington	THE BATTLE OF STALINGRAD
James	GHOST STORIES
Jerome	THREE MEN IN A BOAT
Kingsley	THE WATER BABIES
Kipling	JUNGLE BOOK STORIES
Leroux	THE PHANTOM OF THE OPERA
London	THE CALL OF THE WILD
London	WHITE FANG
Melville	MOBY DICK
Poe	BLACK TALES
Raspe	BARON MÜNCHHAUSEN
Scott	AMERICAN INDIAN TALES
Scott	FOLK TALES
Scott	IVANHOE
Shakespeare	ROMEO AND JULIET
Shakespeare	MIDSUMMER NIGHT'S DREAM
Shelley	FRANKENSTEIN
Spencer	THE GIRL FROM BEVERLY HILLS
Stevenson	DR JEKILL AND MR HYDE
Stevenson	TREASURE ISLAND
Stoker	DRACULA
Stowe	UNCLE TOM'S CABIN
Swift	GULLIVER'S TRAVELS
Twain	TOM SAWYER
Twain	HUCKLEBERRY FINN
Twain	THE PRINCE AND THE PAUPER
Wallace	KING KONG
Whelan	A STATUE OF LIBERTY
Whelan	DRACULA'S WIFE
Wrenn	PEARL HARBOR
Wright	DRACULA'S TEETH
Wright	ESCAPE FROM SING-SING
Wright	THE ALIEN
Wright	THE BERMUDA TRIANGLE
Wright	THE MUMMY
Wright	THE MURDERER
Wright	THE NINJA WARRIORS
Wright	THE WOLF
Wright	YETI THE ABOMINABLE SNOWMAN

• INTERMEDIATE READERS •

Austen	EMMA
Austen	PRIDE AND PREJUDICE
Bell (NO CASSETTE/CD)	PLAY with English GRAMMAR
Bell (NO CASSETTE/CD)	PLAY with English WORDS
Bell (NO CASSETTE/CD)	PLAY with... VOCABULARY

PLAY AND LEARN... ARIES • TAURUS • GEMINI • CANCER • LEO • VIRGO • LIBRA • SCORPIO • SAGITTARIUS • CAPRICORN • AQUARIUS • PISCES

	BEOWULF
Brontë	JANE EYRE
Bunyan	THE PILGRIM'S PROGRESS
Chaucer	THE CANTERBURY TALES
Collins	THE WOMAN IN WHITE
Coverley	MY GRANDDAD JACK THE RIPPER
Defoe	MOLL FLANDERS
Fielding	JOSEPH ANDREWS
Fielding	TOM JONES
Hardy	FAR FROM THE MADDING CROWD
Hawthorne	THE SCARLET LETTER
James	THE PORTRAIT OF A LADY
James	WASHINGTON SQUARE
Lawrence	LADY CHATTERLEY'S LOVER
Lawrence	WOMEN IN LOVE
Leroux	THE PHANTOM OF THE OPERA
Richardson	PAMELA
Roberts	JOURNEY TO SAMARKAND
Thackeray	VANITY FAIR
Schreiner	STORY OF AN AFRICAN FARM
Shakespeare	ANTONY AND CLEOPATRA
Shakespeare	AS YOU LIKE IT
Shakespeare	HAMLET
Shakespeare	HENRY V
Shakespeare	KING LEAR
Shakespeare	MACBETH
Shakespeare	MUCH ADO ABOUT NOTHING
Shakespeare	OTHELLO
Shakespeare	ROMEO AND JULIET
Shakespeare	THE COMEDY OF ERRORS
Shakespeare	THE MERRY WIVES of WINDSOR
Stevenson	KIDNAPPED
Stoker	DRACULA
Wallace	THE FOUR JUST MEN
Wright	AMISTAD
Wright	BEN HUR
Wright	HALLOWEEN
Wright	RAPA NUI
Wright	THE BERMUDA TRIANGLE
Wright	THE MONSTER OF LONDON
Wright	WITNESS

• IMPRIME TECHNO MEDIA REFERENCE • MILÁN
DISTRIBUIDO POR MEDIALIBRI • VIA IDRO 38 • 20132 MILÁN • ITALIA • TEL. 02 27207255 • FAX 02 2567179